El Libro De Recetas Completo De Batidos Saludables En español/ The Complete Recipe Book of Healthy Smoothies in Spanish

Tabla de Contenido

El siguiente libro se reproduce a continuación con el objetivo de proporcionar información lo más precisa y confiable posible. En cualquier caso, la compra de este libro puede considerarse como un consentimiento al hecho de que tanto el editor como el autor de este libro no son expertos en los temas tratados y que las recomendaciones o sugerencias que se hacen en este documento son solo para fines de entretenimiento. Los profesionales deben ser consultados según sea necesario antes de emprender cualquiera de las acciones aquí mencionadas.

Esta declaración se considera justa y válida tanto por Colegio de Abogados de América como por el Comité de la Asociación de Editores y es legalmente vinculante en todos los Estados Unidos.

Además, la transmisión, duplicación o reproducción de cualquiera de los siguientes trabajos, incluida información específica, se considerará un acto ilegal independientemente de si se realiza de forma electrónica o impresa. Esto se extiende a la creación de una copia secundaria o terciaria del trabajo o una copia grabada y solo se permite con el consentimiento expreso por escrito del Editor. Todos los derechos adicionales reservados.

La información en las siguientes páginas se considera, en términos generales, como una descripción veraz y precisa de los hechos y, como tal, cualquier falta de atención, uso o mal uso de la información en cuestión por parte del lector hará que las acciones resultantes sean únicamente de su competencia. No hay escenarios en los que el editor o el autor original de este trabajo puedan ser considerados responsables de cualquier dificultad o daño que pueda ocurrirles después de realizar la información aquí descrita.

Además, la información en las siguientes páginas está destinada únicamente a fines informativos y, por lo tanto, debe considerarse como universal. Como corresponde a su naturaleza, se presenta sin garantía con respecto a su validez prolongada o calidad provisional. Las marcas comerciales que se mencionan se realizan sin consentimiento por escrito y de ninguna manera pueden considerarse un respaldo del titular de la marca comercial.

Introducción

Gracias por comprar *El Libro de Recetas Completo de Batidos Saludables*

Si está cansado de cargar esos kilos de más y está buscando maneras de sentirse mejor de una manera fácil y colorida, ¡entonces los batidos son la opción perfecta!

¡Este libro está cargado con más de 100 recetas deliciosas y fáciles de preparar que le ayudarán mucho más que simplemente derretir ese peso que desea perder! Desde aumentar su energía hasta hacer que su piel esté más radiante, estas recetas de batidos son una forma infalible de volver a encarrilarse con su salud en general.

Si bien hay toneladas de libros de batidos en el mercado hoy en día, ¡no hay ninguno como este! Gracias nuevamente por elegir este libro. Se hizo todo lo posible para garantizar que esté lleno de tanta información útil como sea posible, ¡por favor disfrute!

Corazón Saludable

Batido de Proteína de Papaya y Zanahoria

Ingredientes:

- 4 cubitos de hielo
- ½ taza de bayas de su elección
- ¼ taza de jugo de zanahoria
- 1 cucharada de proteína de suero, el sabor de su elección
- ½ papaya

Aquí le explicamos cómo hacerlo:

1. Mezcle todo en una licuadora.
2. Haga puré todos los ingredientes hasta que tenga una textura suave o alcance la consistencia deseada.

Batido de Proteína de Aguacate y Arándanos

Ingredientes:

- 4 cubitos de hielo
- ½ aguacate
- 1 taza de arándanos congelados
- 1 cucharada de proteína de suero, el sabor de su elección
- 1 taza de agua de coco

Aquí le explicamos cómo hacerlo:

1. Mezcle todo en una licuadora.
2. Haga puré todos los ingredientes hasta que tenga una textura suave o alcance la consistencia deseada.

Batido de Proteína de Semilla de Chía y Bayas de Açai

Ingredientes:

- 1 cucharada de proteína de suero, el sabor de su elección
- 2 cucharadas de semillas de chía
- 3 onzas de bayas de açai congeladas
- 2 tazas de leche de almendras sin azúcar

Aquí le explicamos cómo hacerlo:

1. Mezcle todo en una licuadora.
2. Haga puré todos los ingredientes hasta que tenga una textura suave o alcance la consistencia deseada.

Batido De Proteína De Avena Y Plátano

Ingredientes:

- 4 cubitos de hielo
- 1 cucharada de proteína de suero, el sabor de su elección
- 1 cucharadita de miel
- ¼ cucharadita de canela
- 1 taza de leche de almendras sin azúcar
- 4 cucharadas de avena en hojuelas
- 2 bananas

Aquí le explicamos cómo hacerlo:

1. Mezcle todo en una licuadora.
2. Haga puré todos los ingredientes hasta que tenga una textura suave o alcance la consistencia deseada.

Batido De Proteína De Mantequilla De Maní Y Chocolate

Ingredientes:

- 1 taza de yogurt bajo en grasa
- 1 cucharada de proteína de suero, el sabor de su elección
- 1 plátano congelado
- 2 cucharadas de jarabe de chocolate 100%
- 2 cucharadas de mantequilla de maní
- ½ taza de leche baja en grasa

Aquí le explicamos cómo hacerlo:

1. Mezcle todo en una licuadora.
2. Haga puré todos los ingredientes hasta que tenga una textura suave o alcance la consistencia deseada.

Batido de Linaza Verde

Ingredientes:

- ½ taza de trozos de piña congelados
- 2 tazas de espinacas
- 1 plátano
- 2 mandarinas peladas
- 2 cucharadas de semillas de linaza
- ½ taza de agua

Aquí le explicamos cómo hacerlo:

1. Mezcle todo en una licuadora.
2. Haga puré todos los ingredientes hasta que tenga una textura suave o alcance la consistencia deseada.

El Batido Para Un Comienzo Saludable

Ingredientes:

- 1 taza de cubitos de hielo
- ¾ taza de trozos de mango congelado
- 1 taza de trozos de piña fresca
- 1 ½ taza de col rizada
- 1 cucharada de néctar de agave
- 1 cucharada de semillas de chía
- ½ taza de requesón bajo en grasa
- 6 onzas de agua

Aquí le explicamos cómo hacerlo:

1. Mezcle todo en una licuadora.

2. Haga puré todos los ingredientes hasta que tenga una textura suave o alcance la consistencia deseada.

Batido de Helado Fudgesicle

Ingredientes:

- 3 tazas de cubitos de hielo
- ½ aguacate pelado / sin hueso
- 4 dátiles de Medjool sin hueso
- 1/3 tazas de cacao en polvo
- ¼ taza de néctar de agave
- 2/3 tazas de leche de coco

Aquí le explicamos cómo hacerlo:

1. Mezcle todo en una licuadora.

2. Haga puré todos los ingredientes hasta que tenga una textura suave o alcance la consistencia deseada.

Batido de Naranja Delicioso

Ingredientes:

- 1 cucharadita de extracto de vainilla
- 2 cucharadas de miel
- 6 onzas de concentrado de jugo de naranja congelado
- 1 ½ taza de cubitos de hielo
- 1 taza de calabaza amarilla
- 2 naranjas peladas
- 1 taza de leche baja en grasa

Aquí le explicamos cómo hacerlo:

1. Mezcle todo en una licuadora.

2. Haga puré todos los ingredientes hasta que tenga una textura suave o alcance la consistencia deseada.

Batido Monstruo Verde

Ingredientes:

- 1 taza de cubitos de hielo
- 1 taza de mango congelado
- 1 taza de espinacas
- 1 taza de col rizada
- ½ plátano
- 1 manzana con corazón / en cuartos de elección
- 12 onzas de jugo de naranja

Aquí le explicamos cómo hacerlo:

1. Mezcle todo en una licuadora.
2. Haga puré todos los ingredientes hasta que tenga una textura suave o alcance la consistencia deseada.

Batido de Limonada Rosa Roja

Ingredientes:

- 1 taza de hielo
- 1 taza de agua
- 1 cucharadita de escaramujo en polvo
- ½ pulgada de jengibre
- ½ limón exprimido
- 1 manzana picada de elección
- 4 onzas de remolacha picada

Aquí le explicamos cómo hacerlo:

1. Mezcle todo en una licuadora.
2. Haga puré todos los ingredientes hasta que tenga una textura suave o alcance la consistencia deseada.

Batido de Manzana Fina

Ingredientes:

- 1 taza de hielo
- 1 taza de agua
- 3 cucharadas de anacardos
- 1 cucharada de raíz de yacón
- 4 onzas de melón
- 4 onzas de piña
- 4 onzas de uvas

Aquí le explicamos cómo hacerlo:

1. Mezcle todo en una licuadora.
2. Haga puré con los ingredientes hasta que tenga una textura suave o alcance la consistencia deseada.

Batido "El Kiwi a Mi Corazón"

Ingredientes:

- 1 taza de hielo
- 1 taza de agua
- 1 cucharada de semillas de cáñamo
- 1 zumo de lima
- 1 pepino picado
- 1 kiwi pelado
- 1 pera picada
- 1 ½ onza de espinacas tiernas

Aquí le explicamos cómo hacerlo:

1. Mezcle todo en una licuadora.
2. Haga un puré con los ingredientes hasta que tenga una textura suave o alcance la consistencia deseada.

Batido de Sidra de Naranja con Especias

Ingredientes:

- 1 taza de hielo
- 1 taza de agua
- ¼ cucharadita de clavo molido
- 1 cucharada de proteína de guisante
- ½ limón exprimido
- 1 cucharada de vinagre de manzana
- ½ aguacate sin hueso
- 2 mandarinas peladas
- 1 ½ onza de col rizada

Aquí le explicamos cómo hacerlo:

1. Mezcle todo en una licuadora.
2. Haga un puré con los ingredientes hasta que tenga una textura suave o alcance la consistencia deseada.

Batido de Coco Cubierto de Chocolate

Ingredientes:

- 1 taza de hielo
- 1 taza de agua de coco
- 2 dátiles
- 1 ½ cucharada de polvo de cacao
- ½ aguacate sin hueso
- 2 plátanos pelados
- 1 ½ onza de acelgas

Aquí le explicamos cómo hacerlo:

1. Mezcle todo en una licuadora.
2. Haga un puré con los ingredientes hasta que tenga una textura suave o alcance la consistencia deseada.

Desintoxicación

Batido Mágico de la Mañana

Ingredientes:

- Hielo
- 1 cucharada de linaza
- 1 cucharada de proteína en polvo, el sabor de su elección
- 1/3 tazas de yogurt natural
- 1 plátano congelado
- 1 taza de café frío

Aquí le explicamos cómo hacerlo:

1. Mezcle todo en una licuadora.
2. Haga un puré con los ingredientes hasta que tenga una textura suave o alcance la consistencia deseada.

Batido De Desintoxicación Saludable

Ingredientes:

- ½ taza de agua de coco
- ¼ pepino
- ¼ taza de arándanos
- 1 cucharada de jengibre fresco
- 2-3 cucharadas de jugo de limón
- 1 taza de espinacas
- ½ plátano congelado

Aquí le explicamos cómo hacerlo:

1. Mezcle todo en una licuadora.
2. Haga un puré con los ingredientes hasta que tenga una textura suave o alcance la consistencia deseada.

Batido Anti-Hinchazón

Ingredientes:

- Hielo
- 1 cucharadita de vinagre de manzana
- 1-2 cucharadas de jengibre fresco
- ½ pepino
- 1 plátano congelado
- ½ taza de agua de coco

Aquí le explicamos cómo hacerlo:

1. Mezcle todo en una licuadora.
2. Haga un puré con los ingredientes hasta que tenga una textura suave o alcance la consistencia deseada.

Batido De Desintoxicación Verde

Ingredientes:

- 1 taza de agua fría
- 1 taza de leche de almendras sin azúcar
- ½ - 1 cucharadita de espirulina en polvo
- 2 cucharadas de semillas de chía
- 1 taza de piña congelada
- 1 plátano maduro congelado
- 1 limón pelado
- 2 tallos de apio picado
- ½ pepino picado
- 1 ½ taza de col rizada

Aquí le explicamos cómo hacerlo:

1. Mezcle todo en una licuadora.
2. Haga un puré con los ingredientes hasta que tenga una textura suave o alcance la consistencia deseada.

Batido De Desintoxicación Para El Amanecer

Ingredientes:

- 1 taza de agua de coco
- ½ taza de frambuesas congeladas
- ½ taza de piña
- ½ taza de mango congelado
- 1 plátano congelado
- Jugo de 1 limón

Aquí le explicamos cómo hacerlo:

1. Licúa las frambuesas y ponlas a un lado.
2. Mezcle los ingredientes restantes hasta que queden suave.
3. Vierta la mezcla de frambuesa en un vaso para servir primero, seguido de la mezcla de mango.

Batido Desintoxicante de 5 Ingredientes

Ingredientes:

- 1 taza de jugo de frutas de elección (naranja, granada, etc.)
- 1 cucharada de harina de semillas de linaza
- ½ taza de banana congelada
- 1 taza de col rizada o espinacas
- 1 taza de bayas congeladas de elección

Aquí le explicamos cómo hacerlo:

1. Mezcle todo en una licuadora.
2. Haga un puré con los ingredientes hasta que tenga una textura suave o alcance la consistencia deseada.

Batido de Desintoxicación de Oro

Ingredientes:

- Cubos de hielo
- ½ taza de agua
- ½ taza de jugo de naranja, recién exprimido
- ½ taza de piña fresca
- 1 zanahoria pelada / cortada en cubitos
- 2 cucharadas de miel yogurt griego
- 1 plátano

Aquí le explicamos cómo hacerlo:

1. Mezcle todo en una licuadora.
2. Haga un puré con los ingredientes hasta que tenga una textura suave o alcance la consistencia deseada.

Batido de Col Rizada

Ingredientes:

- 4 cubitos de hielo
- 1 taza de agua
- 1 cucharadita de jugo de lima
- 1 cucharada de perejil
- 1 cucharadita de jengibre rallado
- ½ taza de zanahorias picadas
- ¾ taza de col rizada
- ¾ taza de espinacas
- 1 plátano maduro congelado

Aquí le explicamos cómo hacerlo:

1. Mezcle todo en una licuadora.
2. Haga un puré con los ingredientes hasta que tenga una textura suave o alcance la consistencia deseada.

Batido de Limpieza de Explosión Tóxica

Ingredientes:

- ½ taza de agua
- 2-3 cubitos de hielo
- ½ taza de fresas sin corazón
- 1 plátano
- 1 taza de arándanos
- 1 puñado de espinacas

Aquí le explicamos cómo hacerlo:

1. Mezcle todo en una licuadora.
2. Haga un puré con los ingredientes hasta que tenga una textura suave o alcance la consistencia deseada.

Batido de Desintoxicación Verde con Manzana y Col Rizada

Ingredientes:

- 1 cucharadita de miel
- 1 cucharada de semillas de linaza molidas
- ½ manzana verde o roja, sin corazón / picada
- 1 tallo de apio picado
- 1 ½ taza de col rizada picada
- ¾ taza de hielo
- 2/3 tazas de leche de almendras sin azúcar

Aquí le explicamos cómo hacerlo:

1. Mezcle todo en una licuadora.
2. Haga un puré con los ingredientes hasta que tenga una textura suave o alcance la consistencia deseada.

Batido de Espíritu Dulce

Ingredientes:

- 1 cucharada de proteína de vainilla en polvo
- 1 cucharadita de espirulina
- ½ taza de leche de almendras
- ¼ aguacate
- ½ taza de arándanos
- ½ plátano

Aquí le explicamos cómo hacerlo:

1. Mezcle todo en una licuadora.
2. Haga un puré con los ingredientes hasta que tenga una textura suave o alcance la consistencia deseada.

Batido de Equilibrio Alcalino

Ingredientes:

- 1 cucharada de proteína en polvo, el sabor de su elección
- 1 cucharadita de semillas de chía
- 1 taza de leche de almendras
- ¼ taza de agua de coco
- 1 taza de espinacas empacadas
- ¼ aguacate
- ½ pera

Aquí le explicamos cómo hacerlo:

1. Mezcle todo en una licuadora.
2. Haga un puré con los ingredientes hasta que tenga una textura suave o alcance la consistencia deseada.

Batido de Fresas

Ingredientes:

- 1 ½ taza de espinacas
- 1 plátano
- 1 naranja pelada
- 1 cucharada de ralladura de limón
- 2 tazas de fresas
- 3 tazas de leche de anacardo

Aquí le explicamos cómo hacerlo:

1. Mezcle todo en una licuadora.
2. Haga un puré con los ingredientes hasta que tenga una textura suave o alcance la consistencia deseada.

Batido Siciliano

Ingredientes:

- 1 chile jalapeño rojo sin semillas
- 1 taza de espinacas
- 1 taza de berros
- 4 tallos de apio
- 4 dientes de ajo
- 2 pimientos rojos
- 3 tomates
- 6 zanahorias

Aquí le explicamos cómo hacerlo:

1. Mezcle todo en una licuadora.
2. Haga un puré con los ingredientes hasta que tenga una textura suave o alcance la consistencia deseada.

Batido de Limón y Arándanos

Ingredientes:

- 1 limón
- ¼ taza de arándanos
- 1 taza de agua alcalina

Aquí le explicamos cómo hacerlo:

1. Mezcle todo en una licuadora.
2. Haga un puré con los ingredientes hasta que tenga una textura suave o alcance la consistencia deseada.

Pérdida de Peso

Batido de Arándanos

Ingredientes:

- 1 cucharada de aceite de semilla de linaza
- 1 plátano
- 1 taza de arándanos

Aquí le explicamos cómo hacerlo:

1. Mezcle todo en una licuadora.
2. Haga un puré con los ingredientes hasta que tenga una textura suave o alcance la consistencia deseada.

Batido de Chocolate y Frambuesa

Ingredientes:

- ½ taza de leche de almendras sin azúcar
- ¼ taza de chispas de chocolate
- 1 taza de frambuesas

Aquí le explicamos cómo hacerlo:

1. Mezcle todo en una licuadora.
2. Haga un puré con los ingredientes hasta que tenga una textura suave o alcance la consistencia deseada.

Batido de Mango Sedoso

Ingredientes:

- 2 tazas de mango
- ½ taza de aguacate
- 1 taza de jugo de naranja fresco
- ¼ taza de jugo de lima

Aquí le explicamos cómo hacerlo:

1. Mezcle todo en una licuadora.
2. Haga un puré con los ingredientes hasta que tenga una textura suave o alcance la consistencia deseada.

Batido de Almendras Verdes

Ingredientes:

- ½ taza de leche de almendras sin azúcar
- ¼ taza de mantequilla de almendras naturales
- 1 plátano
- 1 ½ taza de col rizada

Aquí le explicamos cómo hacerlo:

1. Mezcle todo en una licuadora.
2. Haga un puré con los ingredientes hasta que tenga una textura suave o alcance la consistencia deseada.

Batido Cítrico de Limón y Naranja

Ingredientes:

- ½ taza de leche descremada
- ¼ taza de yogurt de limón
- 1 naranja pelada
- 2 cucharadas de aceite de semilla de linaza
- 3-4 cubitos de hielo

Aquí le explicamos cómo hacerlo:

1. Mezcle todo en una licuadora.
2. Haga un puré con los ingredientes hasta que tenga una textura suave o alcance la consistencia deseada.

Batido de Manzana Explosivo

Ingredientes:

- ½ taza de agua
- 2 tallos de apio
- 1 pieza de jengibre rallado
- 3 zanahorias
- 2 manzanas de su elección

Aquí le explicamos cómo hacerlo:

1. Mezcle todo en una licuadora.
2. Haga un puré con los ingredientes hasta que tenga una textura suave o alcance la consistencia deseada.

Batido Versátil

Ingredientes:

- 1 pulgar de jengibre rallado
- Puñado de espinacas
- 1 taza de agua
- 1 limón

Aquí le explicamos cómo hacerlo:

1. Mezcle todo en una licuadora.
2. Haga un puré con los ingredientes hasta que tenga una textura suave o alcance la consistencia deseada.

Batido Verde Quemador De Grasa

Ingredientes:

- 1 cucharada de semillas de chía
- ½ cucharadita jengibre
- 1 taza de trozos de piña congelada
- 1 taza de leche de almendras sin azúcar
- 1 plátano
- 2 puñados de espinacas tiernas

Aquí le explicamos cómo hacerlo:

1. Mezcle todo en una licuadora.
2. Haga un puré con los ingredientes hasta que tenga una textura suave o alcance la consistencia deseada.

Batido de Mango y Maracuyá

Ingredientes:

- 1 ½ taza de jugo de naranja
- 1 mango
- 1 plátano
- 3 maracuyá

Aquí le explicamos cómo hacerlo:

1. Mezcle todo en una licuadora.
2. Haga un puré con los ingredientes hasta que tenga una textura suave o alcance la consistencia deseada.

Batido de Frutas Verdes

Ingredientes:

- 1 cucharadita de jugo de limón
- 1 cucharadita de jengibre rallado
- 1 ½ taza de agua
- 1 pera picada
- 2 tazas de espinacas

Aquí le explicamos cómo hacerlo:

1. Mezcle todo en una licuadora.
2. Haga un puré con los ingredientes hasta que tenga una textura suave o alcance la consistencia deseada.

Batido de Semillas de Chía y Col Rizada

Ingredientes:

- 1 cucharadita de jugo de limón
- 1 taza de yogurt natural
- 1 cucharada de semillas de chía
- 1 plátano
- 2 hojas de col rizada

Aquí le explicamos cómo hacerlo:

1. Mezcle todo en una licuadora.
2. Haga un puré con los ingredientes hasta que tenga una textura suave o alcance la consistencia deseada.

Batido Picante Quemador de Grasa

Ingredientes:

- 1 cucharada de semillas de linaza
- 1 taza de agua
- 1 limón
- 3 rodajas de piña

Aquí le explicamos cómo hacerlo:

1. Mezcle todo en una licuadora.
2. Haga un puré con los ingredientes hasta que tenga una textura suave o alcance la consistencia deseada.

Batido de Proteína Verde con Pera y Matcha

Ingredientes:

- ½ cucharadita de té matcha en polvo
- 1 pera
- 1 taza de espinacas
- 1 taza de leche de almendras sin azúcar
- 2 cucharadas de proteína de vainilla en polvo

Aquí le explicamos cómo hacerlo:

1. Mezcle todo en una licuadora.
2. Haga un puré con los ingredientes hasta que tenga una textura suave o alcance la consistencia deseada.

Batido de Sandía

Ingredientes:

- 12 cubitos de hielo
- 1 taza de sorbete de limón
- 6 tazas de sandía sin semillas

Aquí le explicamos cómo hacerlo:

1. Mezcle todo en una licuadora.
2. Haga un puré con los ingredientes hasta que tenga una textura suave o alcance la consistencia deseada.

Batido de Aguacate y Espinacas

Ingredientes:

- 1 taza de agua
- 1 cucharada de mantequilla de maní
- 1 plátano
- 1 taza de espinacas
- 1 aguacate

Aquí le explicamos cómo hacerlo:

1. Mezcle todo en una licuadora.
2. Haga un puré con los ingredientes hasta que tenga una textura suave o alcance la consistencia deseada.

Piel Radiante

Batido de Calabaza Potenciador

Ingredientes:

- ½ cucharadita de especias para pastel de calabaza
- 2 cucharadas de linaza molida
- ¼ aguacate
- ½ taza de agua
- 7 onzas de yogur griego al 2%
- ½ taza de calabaza pura enlatada

Aquí le explicamos cómo hacerlo:

1. Mezcle todo en una licuadora.
2. Haga un puré con los ingredientes hasta que tenga una textura suave o alcance la consistencia deseada.

Batido de Mango Sorpresa

Ingredientes:

- 6 cubitos de hielo
- 1 cucharada de azúcar
- 1 cucharada de jugo de lima
- ¼ taza de yogurt de vainilla sin grasa
- ¼ taza de puré de aguacate
- ¼ taza de cubitos de mango
- ½ taza de jugo de mango

Aquí le explicamos cómo hacerlo:

1. Mezcle todo en una licuadora.
2. Haga un puré con los ingredientes hasta que tenga una textura suave o alcance la consistencia deseada.

Batido Súper Verde

Ingredientes:

- ¼ taza de menta picada
- ¼ taza de perejil picado
- 1 taza de jugo de naranja frío
- 2 costillas de apio picadas
- 1 ¼ taza de cubitos de mango congelados
- 1 ¼ taza de col rizada picada

Aquí le explicamos cómo hacerlo:

1. Mezcle todo en una licuadora.
2. Haga un puré con los ingredientes hasta que tenga una textura suave o alcance la consistencia deseada.

Batido de Melón y Jengibre

Ingredientes:

- ½ cucharadita de jengibre rallado
- 3 cucharadas de azúcar
- 6 onzas de yogur natural bajo en grasa
- 2 tazas de melón en cubos
- 20 cubitos de hielo

Aquí le explicamos cómo hacerlo:

1. Mezcle todo en una licuadora.
2. Haga un puré con los ingredientes hasta que tenga una textura suave o alcance la consistencia deseada.

Batido Saludable Alto en Vitamina C

Ingredientes:

- ¼ taza de cubitos de hielo
- 1 palito de apio picado
- ½ taza de ramitas de cilantro
- ½ taza de jugo de naranja o mandarina
- 2 kiwis pelados / picados
- 1 taza de col rizada picada

Aquí le explicamos cómo hacerlo:

1. Mezcle todo en una licuadora.
2. Haga un puré con los ingredientes hasta que tenga una textura suave o alcance la consistencia deseada.

Batido de Pastel de Zanahoria

Ingredientes:

- Cubos de hielo
- 2 g de glucomanano
- ¼ cucharadita de canela
- 1 cucharadita de aceite de linaza
- 1 cucharada de queso crema ablandado
- 2 cucharadas de germen de trigo tostado
- 1 cucharada de proteína de vainilla en polvo
- ½ taza de jugo de zanahoria sin azúcar

Aquí le explicamos cómo hacerlo:

1. Mezcle todo en una licuadora.
2. Haga un puré con los ingredientes hasta que tenga una textura suave o alcance la consistencia deseada.

Batido Verde de Invierno

Ingredientes:

- 1 manzana sin corazón / picada
- 1 plátano congelado / pelado / en rodajas
- 4 floretes de brócoli en rodajas / congelados
- 1 taza de col rizada picada
- 1 taza de espinacas
- ½ taza de jugo de naranja
- ¼ taza de jugo de zanahoria

Aquí le explicamos cómo hacerlo:

1. Mezcle todo en una licuadora.
2. Haga un puré con los ingredientes hasta que tenga una textura suave o alcance la consistencia deseada.

Batido de Albaricoque

Ingredientes:

- 1/8 cucharaditas de extracto de almendra
- 2/3 tazas de yogurt helado de vainilla sin grasa
- 1 taza de leche descremada
- 12 mitades de albaricoque sin hueso

Aquí le explicamos cómo hacerlo:

1. Mezcle todo en una licuadora.
2. Haga un puré con los ingredientes hasta que tenga una textura suave o alcance la consistencia deseada.

Batido de Frutas y Vegetales

Ingredientes:

- 6 zanahorias pequeñas
- ½ plátano en rodajas
- 1 taza de espinacas
- 1 taza de bayas congeladas
- ½ taza de yogurt de vainilla bajo en grasa
- ½ taza de jugo de naranja

Aquí le explicamos cómo hacerlo:

1. Mezcle todo en una licuadora.
2. Haga un puré con los ingredientes hasta que tenga una textura suave o alcance la consistencia deseada.

Batido de Diosa Verde

Ingredientes:

- ¼ taza de hojas de menta
- ½ taza de jugo de naranja
- ½ taza de yogurt de vainilla congelado
- 1 kiwi pelado / picado
- ½ aguacate pelado
- 1 taza de trozos de pepino
- 1 taza de espinacas pequeñas

Aquí le explicamos cómo hacerlo:

1. Mezcle todo en una licuadora.
2. Haga un puré con los ingredientes hasta que tenga una textura suave o alcance la consistencia deseada.

Batido de Manzana y Canela

Ingredientes:

- 1 taza de hielo
- 1 taza de agua
- ¼ taza de nueces
- 1 cucharada de hojuelas de quinoa
- 1 cucharadita de canela
- 2 manzanas picadas
- 1 ½ onza de acelgas

Aquí le explicamos cómo hacerlo:

1. Mezcle todo en una licuadora.
2. Haga un puré con los ingredientes hasta que tenga una textura suave o alcance la consistencia deseada.

Batido Refrescante de Apio y Manzana

Ingredientes:

- 1 taza de hielo
- 1 taza de agua
- ½ cucharadita de moringa
- 2 cucharadas de avellanas crudas
- 3 ramitas de menta
- 1 manzana picada
- 2 costillas de apio
- 1 ½ onza de col rizada

Aquí le explicamos cómo hacerlo:

1. Mezcle todo en una licuadora.
2. Haga un puré con los ingredientes hasta que tenga una textura suave o alcance la consistencia deseada.

Batido de Fresas Atardecer de Verano

Ingredientes:

- 1 taza de hielo
- 1 taza de leche de vainilla y almendras
- 1 cucharada de hojuelas de coco
- 1 naranja roja pelada
- 1 pera picada
- 1 taza de fresas

Aquí le explicamos cómo hacerlo:

1. Mezcle todo en una licuadora.
2. Haga un puré con los ingredientes hasta que tenga una textura suave o alcance la consistencia deseada.

Batido de Flor de Ciruela y Jengibre

Ingredientes:

- 1 taza de hielo
- 1 taza de agua
- 1 cucharada de semillas de chía
- ½ limón exprimido
- ½ pulgada de jengibre pelado
- 2 ciruelas deshuesadas
- 1 naranja pelada
- 4 onzas de remolacha picada

Aquí le explicamos cómo hacerlo:

1. Mezcle todo en una licuadora.
2. Haga un puré con los ingredientes hasta que tenga una textura suave o alcance la consistencia deseada.

Batido de Jengibre y Cúrcuma Amarilla

Ingredientes:

- 1 taza de hielo
- 1 taza de agua
- 1 cucharada de semillas de cáñamo
- ½ pulgada de jengibre pelado
- ½ cucharadita de cúrcuma
- 1 onza de kumquats
- 1 naranja pelada
- 1 calabaza amarilla picada

Aquí le explicamos cómo hacerlo:

1. Mezcle todo en una licuadora.
2. Haga un puré con los ingredientes hasta que tenga una textura suave o alcance la consistencia deseada.

Aumento de Energía

Batido de Mango, Mandarina y Cayena

Ingredientes:

- 1 cucharadita de vainilla
- 1/8 cucharadita de cayena en polvo
- 1 cucharada de miel
- 1 taza de trozos de mango
- 1 naranja o mandarina pelada / sin semillas
- 1 taza de leche de almendras sin azúcar

Aquí le explicamos cómo hacerlo:

1. Mezcle todo en una licuadora.
2. Haga un puré con los ingredientes hasta que tenga una textura suave o alcance la consistencia deseada.

Batido de Pastel de Lima

Ingredientes:

- 2 cucharadas de miel
- 1 cucharadita de vainilla
- 2 bananas
- 1 aguacate
- ½ taza de jugo de lima
- 1 ½ taza de jugo de manzana

Aquí le explicamos cómo hacerlo:

1. Mezcle todo en una licuadora.
2. Haga un puré con los ingredientes hasta que tenga una textura suave o alcance la consistencia deseada.

Batido de Plátano, Menta y Agua de Coco

Ingredientes:

- 1 cucharadita de vainilla
- 1 cucharada de semillas de cáñamo
- 2 tazas de agua de coco
- 1 puñado de hojas de menta
- 5 plátanos congelados

Aquí le explicamos cómo hacerlo:

1. Mezcle todo en una licuadora.
2. Haga un puré con los ingredientes hasta que tenga una textura suave o alcance la consistencia deseada.

Batido de Frambuesa, Cacao y Maca

Ingredientes:

- ½ cucharadita de canela
- 1 cucharadita de lúcuma en polvo
- 1 cucharadita de vainilla
- 1 cucharadita de maca en polvo
- ¼ taza de anacardos
- 1 cucharada de semillas de cacao crudo
- 1 taza de espinacas pequeñas
- ½ taza de frambuesas congeladas

Aquí le explicamos cómo hacerlo:

1. Mezcle todo en una licuadora.
2. Haga un puré con los ingredientes hasta que tenga una textura suave o alcance la consistencia deseada.

Batido de Jengibre, Pera y Limoncillo

Ingredientes:

- 2 tazas de leche de coco
- 1 cucharadita de miel cruda
- ¼ de pulgada de raíz de jengibre
- 1-2 tallos de hierba de limón
- 1 plátano congelado
- 1 pera sin corazón

Aquí le explicamos cómo hacerlo:

1. Mezcle todo en una licuadora.
2. Haga un puré con los ingredientes hasta que tenga una textura suave o alcance la consistencia deseada.

Batido de Té, Plátano y Cúrcuma

Ingredientes:

- Raíz de cúrcuma de ¼ de pulgada
- ¼ de pulgada de raíz de jengibre
- 1 cucharadita de vainilla
- 1 cucharadita de lúcuma en polvo
- 1-2 cucharaditas miel cruda
- ¼ taza de avena en hojuelas
- 2 tazas de té chai helado
- 2 plátanos congelados

Aquí le explicamos cómo hacerlo:

1. Mezcle todo en una licuadora.
2. Haga un puré con los ingredientes hasta que tenga una textura suave o alcance la consistencia deseada.

Batido de Frutos del Bosque y Nueces de Brasil

Ingredientes:

- 2 tazas de jugo de manzana
- 1 cucharadita de guaraná en polvo
- ¼ taza de nueces de Brasil
- 1 taza de espinacas pequeñas
- 1 plátano congelado
- 2 tazas de bayas mixtas congeladas
- Miel cruda al gusto

Aquí le explicamos cómo hacerlo:

1. Mezcle todo en una licuadora.
2. Haga un puré con los ingredientes hasta que tenga una textura suave o alcance la consistencia deseada.
3. Ajuste la dulzura del batido con miel cruda.

Batido de Chocolate, Chía y Plátano

Ingredientes:

- 1 cucharadita de lúcuma en polvo
- 1 cucharadita de vainilla
- 2 tazas de leche de nuez
- 1 cucharada de semillas de cacao crudo
- 2 cucharadas de semillas de chía remojadas
- 1 taza de espinacas pequeñas
- 2 plátanos congelados

Aquí le explicamos cómo hacerlo:

1. Mezcle todo en una licuadora.
2. Haga un puré con los ingredientes hasta que tenga una textura suave o alcance la consistencia deseada.

Batido Energizante de Plátano y Matcha

Ingredientes:

- 1-2 cucharaditas de miel
- 1-2 cucharaditas de polvo de matcha
- 2 tazas de leche de almendras
- 1 taza de lechuga romana
- 2 plátanos congelados

Aquí le explicamos cómo hacerlo:

1. Mezcle todo en una licuadora.
2. Haga un puré con los ingredientes hasta que tenga una textura suave o alcance la consistencia deseada.

Batido Energizante de Col Rizada y Lavanda

Ingredientes:

- 1 cucharadita de vainilla
- 1 cucharadita de lúcuma en polvo
- ¼ taza de anacardos crudos
- ½ taza de avena en hojuelas
- 1 taza de jugo de manzana
- 1 taza de col rizada
- 1 taza de moras
- 1 plátano congelado

Aquí le explicamos cómo hacerlo:

1. Mezcle todo en una licuadora.
2. Haga un puré con los ingredientes hasta que tenga una textura suave o alcance la consistencia deseada.

Batido de Yogurt de Vainilla y Durazno

Ingredientes:

- ½ taza de yogurt helado de vainilla sin grasa
- 1 durazno
- 1 taza de leche de soja

Aquí le explicamos cómo hacerlo:

1. Mezcle todo en una licuadora.
2. Haga un puré con los ingredientes hasta que tenga una textura suave o alcance la consistencia deseada.

Batido de Bayas, Vainilla y Plátano

Ingredientes:

- ¼ cucharadita de vainilla
- ½ plátano congelado
- ¼ taza de uvas rojas congeladas
- ¼ taza de moras congeladas
- ¼ taza de arándanos congelados
- 1/3 tazas de queso cottage con 1% de grasa
- 1 taza de leche descremada

Aquí le explicamos cómo hacerlo:

1. Mezcle todo en una licuadora.
2. Haga un puré con los ingredientes hasta que tenga una textura suave o alcance la consistencia deseada.

Batido de Uva Verde

Ingredientes:

- 2 tazas de hielo
- ½ taza de agua
- 1 cucharadita de semillas de chía
- 1 plátano
- 1 naranja pelada
- 1 pera sin corazón
- 1 taza de uvas verdes
- 1 taza de col rizada picada
- 1 taza de espinacas

Aquí le explicamos cómo hacerlo:

1. Mezcle todo en una licuadora.
2. Haga un puré con los ingredientes hasta que tenga una textura suave o alcance la consistencia deseada.

Batido de Durazno y Naranja

Ingredientes:

- 1 taza de leche sin grasa
- 2 cucharadas de linaza
- ½ taza de jugo de naranja
- 2 tazas de duraznos en rodajas
- 2 tazas de helado ligero

Aquí le explicamos cómo hacerlo:

1. Mezcle todo en una licuadora.
2. Haga un puré con los ingredientes hasta que tenga una textura suave o alcance la consistencia deseada.

Batido de Mango y Fresa

Ingredientes:

- 1 cucharadita de semillas de chía
- ¼ taza de té verde
- 1 cucharada de yogurt griego
- ¼ taza de pimiento rojo
- ¼ taza de zanahoria picada
- ¼ taza de col rizada
- ¼ taza de rodajas de durazno congelado
- ¼ taza de uvas rojas
- ½ taza de mango congelado
- 1 taza de fresas

Aquí le explicamos cómo hacerlo:

1. Mezcle todo en una licuadora.
2. Haga un puré con los ingredientes hasta que tenga una textura suave o alcance la consistencia deseada.

Anti-Envejecimiento

Batido de Brisa de Arándanos

Ingredientes:

- 1 puñado de menta
- 1 cucharadita de semillas de chía
- 1 cucharada de jugo de limón
- 1 taza de agua de coco
- 1 taza de fresas
- 1 taza de arándanos congelados

Aquí le explicamos cómo hacerlo:

1. Mezcle todo en una licuadora.
2. Haga un puré con los ingredientes hasta que tenga una textura suave o alcance la consistencia deseada.

Batido de Chía Tropical

Ingredientes:

- 1 taza de agua de coco
- 1 cucharada de semillas de chía
- 1 taza de piña
- ½ taza de mango

Aquí le explicamos cómo hacerlo:

1. Mezcle todo en una licuadora.
2. Haga un puré con los ingredientes hasta que tenga una textura suave o alcance la consistencia deseada.

Batido de Sueño de Plátano y Cacao

Ingredientes:

- 1 taza de leche de almendras sin azúcar
- 1 cucharada de cacao en polvo
- 6 fresas
- 1 plátano

Aquí le explicamos cómo hacerlo:

1. Mezcle todo en una licuadora.
2. Haga un puré con los ingredientes hasta que tenga una textura suave o alcance la consistencia deseada.

Batido de Bayas Poderosa

Ingredientes:

- Cubos de hielo
- ½ taza de jugo de naranja sin azúcar
- 1 cucharada de miel
- 1 puñado de semillas de sésamo
- ½ taza de arándanos
- ½ taza de fresas congeladas

Aquí le explicamos cómo hacerlo:

1. Mezcle todo en una licuadora.
2. Haga un puré con los ingredientes hasta que tenga una textura suave o alcance la consistencia deseada.

Batido Monstruo Verde Ácido

Ingredientes:

- Pocos cubitos de hielo
- 1 cucharada de semillas de chía
- 1 manzana
- 1 puñado de col rizada
- 1 plátano
- ½ - 1 taza de leche de almendras sin azúcar

Aquí le explicamos cómo hacerlo:

1. Mezcle todo en una licuadora.
2. Haga un puré con los ingredientes hasta que tenga una textura suave o alcance la consistencia deseada.

Batido Tropical Delight

Ingredientes:

- 2-3 cubitos de hielo
- 1 taza de jugo de naranja
- 1 puñado de semillas de linaza
- 2 kiwis
- 2 mangos
- Media piña

Aquí le explicamos cómo hacerlo:

1. Mezcle todo en una licuadora.

2. Haga un puré con los ingredientes hasta que tenga una textura suave o alcance la consistencia deseada.

Batido de Cacao y Dátiles Delight

Ingredientes:

- Una pizca de canela
- ½ taza de leche de almendras sin azúcar
- ¼ cucharadita de vainilla
- 1 cucharada de cacao en polvo
- 4 mitades de nueces
- 5 dátiles sin hueso

Aquí le explicamos cómo hacerlo:

1. Mezcle todo en una licuadora.
2. Haga un puré con los ingredientes hasta que tenga una textura suave o alcance la consistencia deseada.

Batido de Bayas Mixtas Anti-Envejecimiento

Ingredientes:

- 4 cubitos de hielo
- ½ plátano
- 1 cucharada de miel
- 1 cucharada de semillas de linaza
- ½ taza de leche de almendras
- ½ taza de frambuesas
- 1 taza de arándanos

Aquí le explicamos cómo hacerlo:

1. Mezcle todo en una licuadora.
2. Haga un puré con los ingredientes hasta que tenga una textura suave o alcance la consistencia deseada.

Batido de arándanos y duraznos

Ingredientes:

- ¾ taza de leche de almendras y vainilla sin azúcar
- 1 ½ taza de duraznos en rodajas
- ½ taza de arándanos congelados

Aquí le explicamos cómo hacerlo:

1. Mezcle todo en una licuadora.
2. Haga un puré con los ingredientes hasta que tenga una textura suave o alcance la consistencia deseada.

Batido de Bellas Bayas

Ingredientes:

- ¼ taza de agua
- ¾ taza de leche de soja
- 1 cucharada de linaza
- ½ taza de piña picada
- ½ taza de bayas mixtas congeladas
- ¼ taza de kiwi pelado / en rodajas
- 1 plátano

Aquí le explicamos cómo hacerlo:

1. Mezcle todo en una licuadora.
2. Haga un puré con los ingredientes hasta que tenga una textura suave o alcance la consistencia deseada.

Batido Verde de Vitamina E

Ingredientes:

- 1 taza de espinacas
- ½ aguacate
- ¼ taza de jugo de limón
- 1 taza de leche de almendras
- ¼ taza de semillas de girasol
- 1 plátano

Aquí le explicamos cómo hacerlo:

1. Mezcle todo en una licuadora.
2. Haga un puré con los ingredientes hasta que tenga una textura suave o alcance la consistencia deseada.

Batido de Envejecimiento Tropical

Ingredientes:

- 1 taza de arándanos
- ¼ taza de jugo de limón
- 1 taza de agua de coco
- 1 taza de fresas
- Puñado de menta
- ¼ semillas de taza de chía

Aquí le explicamos cómo hacerlo:

1. Mezcle todo en una licuadora.
2. Haga un puré con los ingredientes hasta que tenga una textura suave o alcance la consistencia deseada.

Batido de hojas anti-Envejecimiento

Ingredientes:

- 2 tazas de hojas de col rizada
- ¼ taza de jugo de limón
- 2 manzanas sin corazón
- 1 taza de zanahoria picada
- 1 taza de agua de coco

Aquí le explicamos cómo hacerlo:

1. Mezcle todo en una licuadora.
2. Haga un puré con los ingredientes hasta que tenga una textura suave o alcance la consistencia deseada.

Batido de Chía

Ingredientes:

- 1 taza de agua de coco
- 2 tazas de mango
- 1 taza de piña
- ¼ semillas de taza de chía

Aquí le explicamos cómo hacerlo:

1. Mezcle todo en una licuadora.
2. Haga un puré con los ingredientes hasta que tenga una textura suave o alcance la consistencia deseada.

Batido de Cereza

Ingredientes:

- ½ plátano
- 2-3 tazas de espinacas
- 1 taza de cerezas
- 2 cucharadas de aceite de lino
- 1 taza de leche de coco

Aquí le explicamos cómo hacerlo:

1. Mezcle todo en una licuadora.
2. Haga un puré con los ingredientes hasta que tenga una textura suave o alcance la consistencia deseada.

Superalimentos

Batido de fresa y bayas de Goji

Ingredientes:

- Hielo
- 2 tazas de leche de almendras
- 2 cucharaditas miel
- 1 taza de fresas
- 2 cucharadas de bayas de goji secas

Aquí le explicamos cómo hacerlo:

1. Mezcle todo en una licuadora.
2. Haga un puré con los ingredientes hasta que tenga una textura suave o alcance la consistencia deseada.

Batido de Col Rizada Potenciador

Ingredientes:

- 1-3 cucharaditas miel
- 2 cucharadas de mantequilla de maní
- ¼ taza de piña congelada
- ¼ taza de yogurt griego
- 1 plátano congelado
- ¾ taza de leche de almendras
- 2 tazas de col rizada

Aquí le explicamos cómo hacerlo:

1. Mezcle todo en una licuadora.
2. Haga un puré con los ingredientes hasta que tenga una textura suave o alcance la consistencia deseada.

Batido de Linaza y Arándanos

Ingredientes:

- 1 taza de leche de coco
- ¼ taza de yogurt griego
- Puñado de espinacas
- 1 cucharada de linaza
- 1 taza de arándanos congelados

Aquí le explicamos cómo hacerlo:

1. Mezcle todo en una licuadora.
2. Haga un puré con los ingredientes hasta que tenga una textura suave o alcance la consistencia deseada.

Batido de Té Verde con Especias

Ingredientes:

- 6-8 cubitos de hielo
- 2 cucharadas de yogurt natural
- 1 pera
- 2 cucharaditas miel
- Jugo de 1 limón
- 1/8 cucharaditas de pimienta de cayena
- ¾ taza de té verde frío

Aquí le explicamos cómo hacerlo:

1. Mezcle todo en una licuadora.
2. Haga un puré con los ingredientes hasta que tenga una textura suave o alcance la consistencia deseada.

Tazón de Batido de Bayas Antioxidante

Ingredientes:

- ¼ taza de semillas de granada
- 1 cucharada de hojuelas de coco
- 1 cucharada de pepitas
- 1 cucharadita de semillas de chía
- Frambuesas y moras frescas
- ½ plátano
- ½ taza de leche de almendras
- 1 cucharada de semillas de cáñamo
- ½ taza de bayas congeladas
- 1 plátano congelado

Aquí le explicamos cómo hacerlo:

1. Mezcle todo en una licuadora.
2. Haga un puré con los ingredientes hasta que tenga una textura suave o alcance la consistencia deseada.
3. Vierta la mezcla de batidos en un tazón y cubra con los ingredientes deseados.

Batido de Chocolate y Aguacate

Ingredientes:

- 2 tazas de leche de coco
- 1-2 cucharadas de cacao en polvo
- ½ taza de frambuesas congeladas
- 2 plátanos congelados
- 1 aguacate

Aquí le explicamos cómo hacerlo:

1. Mezcle todo en una licuadora.
2. Haga un puré con los ingredientes hasta que tenga una textura suave o alcance la consistencia deseada.

Batido de Ciruela y Quinoa

Ingredientes:

- 4-5 cubitos de hielo
- ¼ cucharadita de canela
- 1 cucharadita de vainilla
- 1 taza de leche de almendras
- ¼ taza de quinoa cocida
- ½ plátano congelado
- 1 ciruela madura picada

Aquí le explicamos cómo hacerlo:

1. Mezcle todo en una licuadora.
2. Haga un puré con los ingredientes hasta que tenga una textura suave o alcance la consistencia deseada.

Batido de Avena y Coco

Ingredientes:

- ½ taza de hielo
- 1/3 tazas de jugo de naranja
- 1 cucharada de miel
- 2 cucharadas de aceite de coco
- 1/3 tazas de yogurt griego
- ¼ taza de avena en hojuelas
- ½ plátano

Aquí le explicamos cómo hacerlo:

1. Mezcle todo en una licuadora.
2. Haga un puré con los ingredientes hasta que tenga una textura suave o alcance la consistencia deseada.

Batido Pantanoso

Ingredientes:

- 1 cucharada de semillas de cáñamo
- 3 cucharadas de proteína de cáñamo en polvo
- 1 cucharada de cacao en polvo
- 1 taza de leche de almendras
- 1 puñado de espinacas
- ½ taza de brócoli picado
- ½ plátano
- 1 taza de fresas

Aquí le explicamos cómo hacerlo:

1. Mezcle todo en una licuadora.
2. Haga un puré con los ingredientes hasta que tenga una textura suave o alcance la consistencia deseada.

Batido de Coco y Cúrcuma

Ingredientes:

- 1 cucharadita de maca
- 1 cucharadita de semillas de chía
- ½ cucharadita de jengibre
- ½ cucharadita de canela
- ½ - 1 cucharadita de cúrcuma
- 1 cucharada de aceite de coco
- 1 plátano congelado
- ½ taza de piña congelada
- 1 taza de leche de coco

Aquí le explicamos cómo hacerlo:

1. Mezcle todo en una licuadora.
2. Haga un puré con los ingredientes hasta que tenga una textura suave o alcance la consistencia deseada.

Batido de Manzana Verde

Ingredientes:

- 1 cucharada de semillas de chía
- ½ cucharadita de canela
- 1 cucharadita de jengibre picado
- 1 plátano
- 1 taza de jugo de naranja
- 1 manzana
- 1 ½ taza de col rizada

Aquí le explicamos cómo hacerlo:

1. Mezcle todo en una licuadora.
2. Haga un puré con los ingredientes hasta que tenga una textura suave o alcance la consistencia deseada.

Batido Babe Ruth

Ingredientes:

- 1 cucharada de semillas de chía
- 1 taza de espinacas
- ½ taza de yogurt griego
- 2 tazas de jugo de naranja
- 1 plátano
- ½ taza de piña
- 1 taza de fresas

Aquí le explicamos cómo hacerlo:

1. Mezcle todo en una licuadora.
2. Haga un puré con los ingredientes hasta que tenga una textura suave o alcance la consistencia deseada.

Batido de Cereza Dulce y Almendras

Ingredientes:

- Hielo
- 1 plátano
- 1 cucharada de proteína en polvo
- 1 taza de leche de almendras
- 1 ½ taza de cerezas congeladas

Aquí le explicamos cómo hacerlo:

1. Mezcle todo en una licuadora.
2. Haga un puré con los ingredientes hasta que tenga una textura suave o alcance la consistencia deseada.

Batido de Vegetales Preciosos

Ingredientes:

- 1 plátano
- Hielo
- 1 ½ taza de jugo de naranja
- ½ taza de uvas
- 2 tazas de espinacas
- 1 taza de piña

Aquí le explicamos cómo hacerlo:

1. Mezcle todo en una licuadora.
2. Haga un puré con los ingredientes hasta que tenga una textura suave o alcance la consistencia deseada.

Batido de Chocolate Poderoso

Ingredientes:

- 1 cucharada de mantequilla de almendras
- 1 plátano
- 1 taza de espinacas
- ½ taza de arándanos
- 1 cucharada de proteína de chocolate en polvo
- 1 taza de leche de coco
- Hielo

Aquí le explicamos cómo hacerlo:

1. Mezcle todo en una licuadora.
2. Haga un puré con los ingredientes hasta que tenga una textura suave o alcance la consistencia deseada.

Conclusión

Quiero felicitarlo por haber llegado al final del *Libro de Recetas Completo de Batidos Saludables*

Si se toma en serio volver a encarrilar su salud y convertirse en la versión más saludable de sí mismo, ¡entonces todas estas recetas de batidos le serán útiles en cualquier momento del día cuando tenga poco tiempo!

¡Deje de ser víctima de las comidas preparadas con grasas y carbohidratos y prepare un batido! Como ha leído, todas las recetas de batidos tienen algo un poco diferente para ofrecer a su cuerpo. ¡Espero que encuentre una receta de batido para todas las partes de su día que le ayude a sentirse mejor, lleno de energía y motivado para vivir cada día!

Made in the USA
Las Vegas, NV
02 October 2023

78402754R10059